Créations en carton ondulé

à réaliser soi-même

Tirelire hérisson

Fournitures utiles

Attention pour les enfants, certaines fournitures peuvent être dangereuses...

Bandelettes de carton ondulé

Colle : utilisez une colle forte à adhérence immédiate.

Pistolet à colle + bâtonnets de colle : l'idéal est d'utiliser un pistolet à colle qui permet une adhérence immédiate. L'attention des parents et des enfants est cependant attirée sur les risques de brûlures.

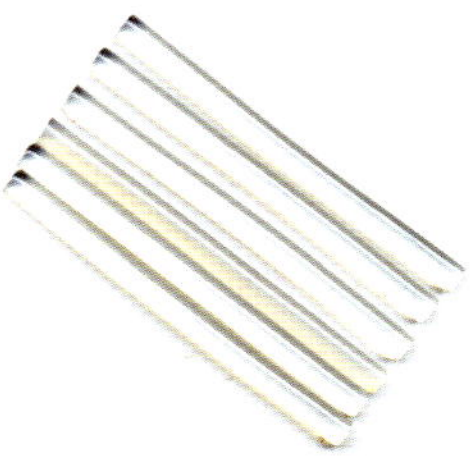

Ciseaux...

Cutter

Pince à épiler ou pince à bouts fins

Règle

Poinçons / perforatrice

Piques en bois ou cure-dents

En option selon les modèles : carton ondulé en plaque, yeux mobiles, perles, bâtonnets...

Techniques de base

L'enroulement simple : le cercle
Enroulez la bandelette sur elle-même en la serrant fortement pour qu'elle tienne bien, ce qui est très important. Faites ainsi un simple cercle. Terminez en mettant un point de colle à la fin de l'enroulement.

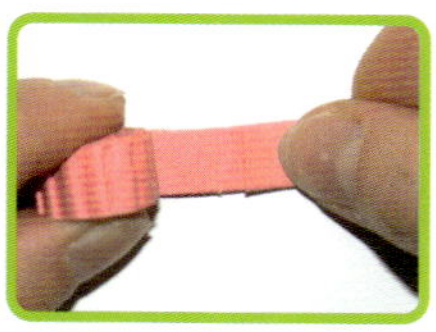

Faire des raccords
Pour créer des formes de toutes tailles, vous aurez besoin de faire des raccords de bandelettes.
Lors d'un enroulement, il suffit, lorsque vous arrivez au bout d'une bandelette, d'en coller une nouvelle à la suite de la 1re.
Attention, ce n'est pas le même principe que celui de terminer la 1re bandelette en la collant sur le cercle, puis de reprendre une 2e, de la coller sur le cercle et de reprendre l'enroulement. Cette 2e façon de faire va casser la forme si vous avez besoin de lui donner du relief ou de faire un cône. La 1re méthode est donc préconisée dans ce livre.

Modeler une forme
Il y a deux façons de modeler une forme :
1- commencez par enrouler la bandelette sur elle-même puis, au fur et à mesure, appuyez sur l'enroulement pour créer la forme voulue.
2- enroulez la bandelette de façon à faire un cercle, mais ne serrez pas trop ce dernier. Modelez la forme une fois le cercle terminé.
Vous pouvez ainsi créer un ovale, une goutte ou d'autres formes.

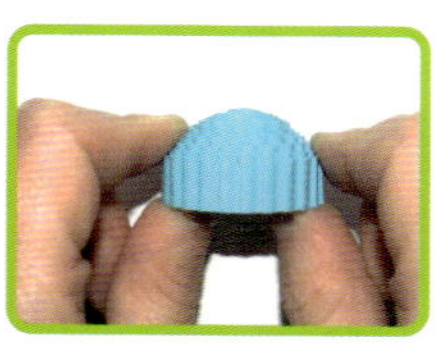

Créer un dôme / un creux
Très utile pour créer du relief, il suffit de faire légèrement et progressivement ressortir l'intérieur d'une forme afin de la bomber.
Si vous l'utilisez en dôme, il est très important de coller l'intérieur de la forme pour bien la maintenir et que le dôme ne se renfonce pas.
À l'inverse, vous pouvez utiliser le dôme comme un creux en inversant la forme.

Créer un cône
Découpez un cercle, puis faites bien ressortir sa partie intérieure. Pour cela, aidez-vous d'une pique en bois. Procédez progressivement, de façon à avoir un côté « escalier ».
Fixez l'intérieur en le collant.

Les demi-bandelettes
On parlera très souvent de demi-bandelettes au cours de nos explications. Il s'agit, comme vous pouvez le voir sur ces photos, de bandelettes coupées en 2 dans la largeur.
Très utiles on les utilisera souvent pour créer des reliefs, des oreilles, des nez... Donc, dès que vous lirez « demi-bandelette », il s'agira d'une bandelette coupée en 2 dans sa largeur. De même, lorsqu'on parlera de 1/3 de bandelettes, il s'agira de bandelettes coupées en 3 dans leur largeur.

Coupe en biais / biseau
Il s'agit juste de faire un petit cylindre et de le couper en biais pour ensuite créer un mouvement lors de l'assemblage avec d'autres cylindres, notamment pour former des bras ou des jambes.

Animaux de la ferme

Cochon

Mouton

Canard

Vache
Coq

Un cochon tout... ...rose

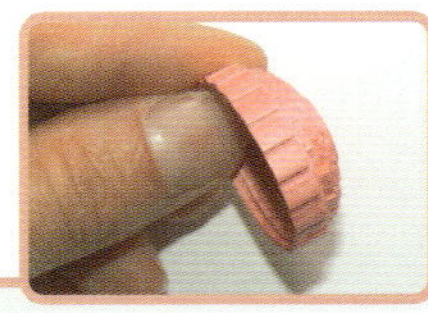

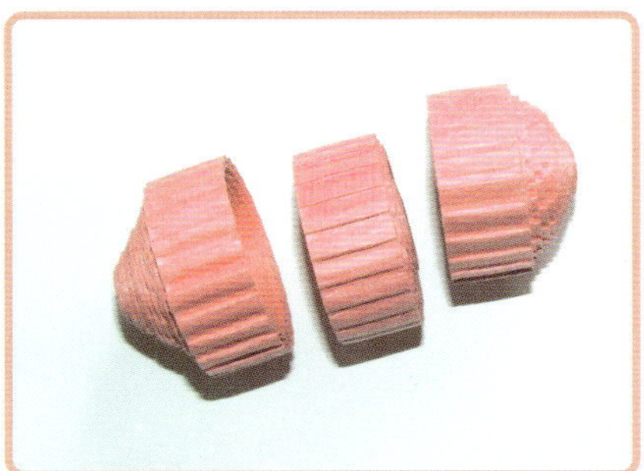

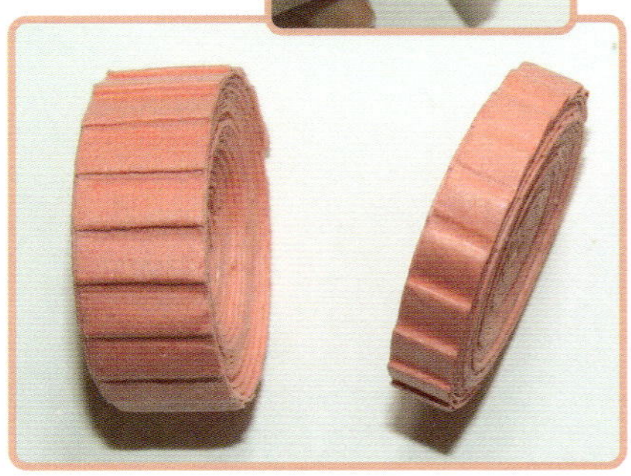

1 Enroulez de larges bandelettes roses de façon à obtenir 3 cercles de même taille (environ 3 cm de diamètre). Faites 2 petits dômes avec 2 des cercles obtenus. Pour former le corps du cochon, collez les deux dômes de chaque côté du cercle plat.

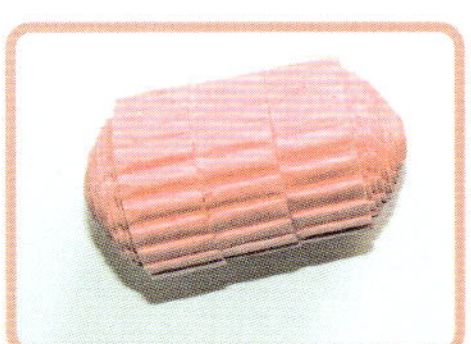

2 Faites 4 petits cylindres avec des bandelettes roses pour créer les pattes du cochon. Collez les 4 pattes sur le corps.

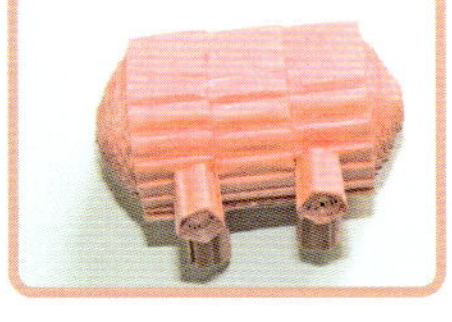

3 Faites ensuite 2 cercles d'environ 2,5 cm de diamètre, l'un avec des bandelettes roses de 1 cm de large, l'autre avec des bandelettes roses coupées en 2 dans la largeur. Faites 2 dômes avec ces cercles et collez-les ensemble pour former la tête.

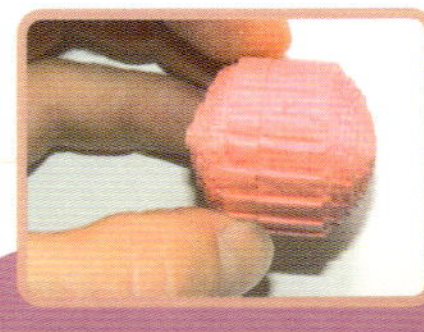

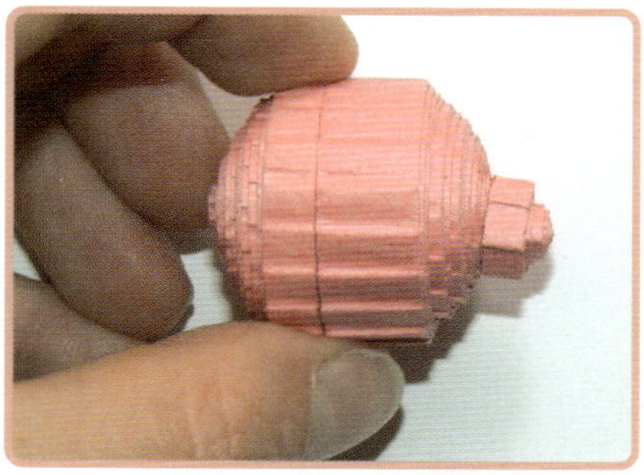

4 Pour créer le groin du cochon, faites un petit cercle avec un bout de bandelette coupé en 2 dans la largeur, et faites ressortir le centre en vous aidant d'une pique en bois. Puis, collez le groin sur la tête

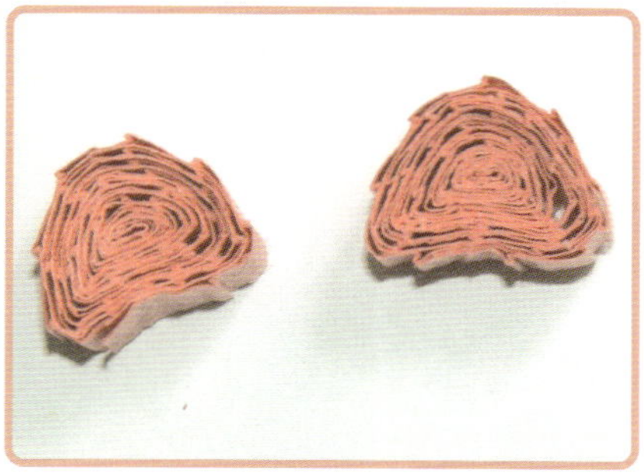

5 Créez les oreilles avec des demi-bandelettes que vous enroulez et modelez. Créez un peu de relief en « creusant » un peu les oreilles, puis collez-les sur la tête.

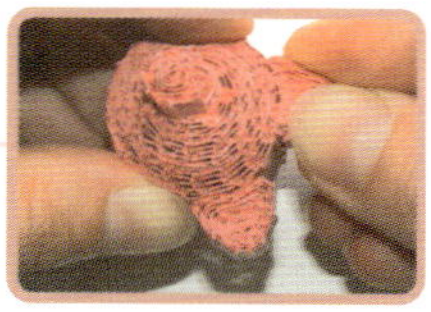

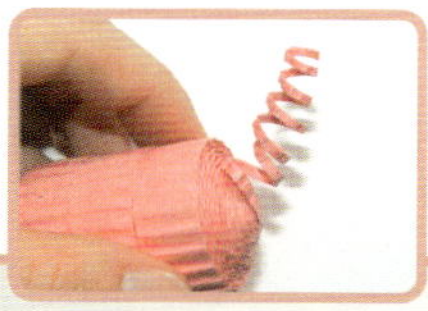

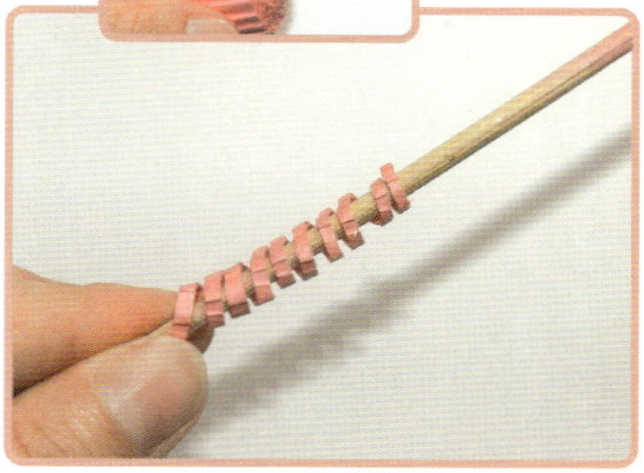

6 Pour faire la queue en tire-bouchon, découpez 1/3 d'une bandelette (en largeur) et enroulez-la sur une pique en bois. Collez la queue sur le corps du cochon.

7 Collez ensuite la tête et terminez en ajoutant des yeux mobiles.

Une vache vachement belle

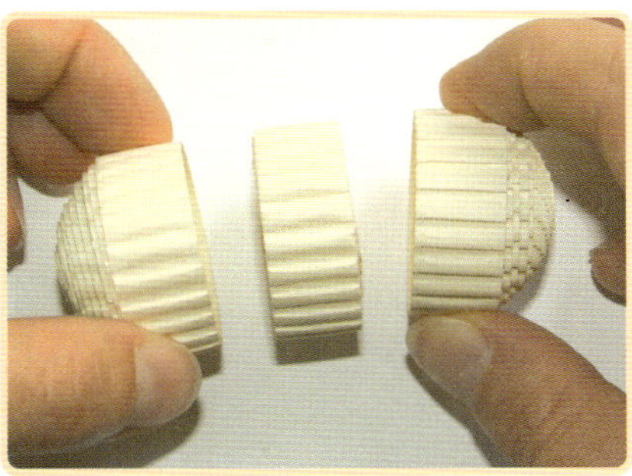

1 Enroulez de larges bandelettes crème de façon à obtenir 3 cercles de même taille (environ 3,5 cm de diamètre). Faites 2 petits dômes avec 2 des cercles obtenus.
Pour former le corps de la vache, collez les deux dômes de chaque côté du cercle plat.

2 Faites 8 petits cylindres et assemblez-les 2 à 2 pour obtenir 4 pattes. Puis collez les 4 pattes sur le corps.

3 Découpez des formes arrondies dans une bandelette noire pour former les tâches de la vache, et collez ces dernières sur le corps.

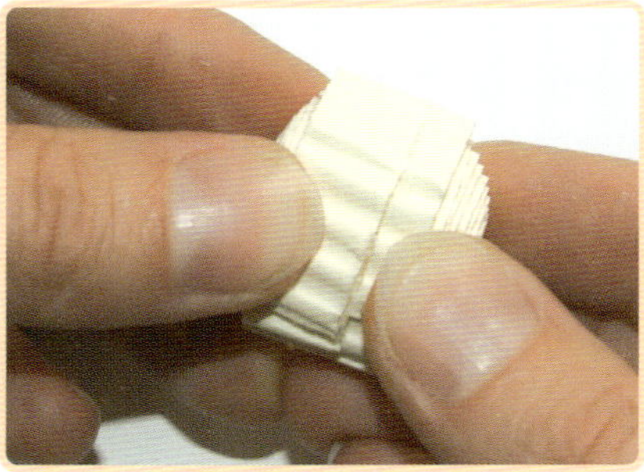

4 Faites 2 ovales d'environ 2,5 cm de diamètre ; l'un avec des bandelettes non coupées, l'autre avec des bandelettes coupées en 2 dans la largeur. Faites 2 légers dômes avec ces ovales et collez-les ensemble pour former la tête.

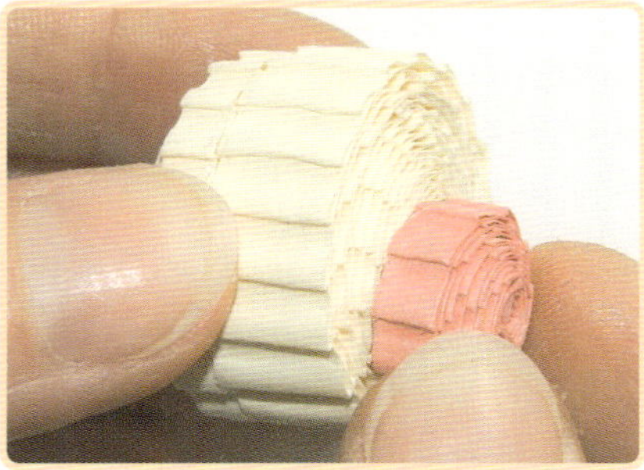

5 Pour créer le museau de la vache, faites un ovale avec un bout de bandelette rose coupé en 2 dans la largeur, et créez un léger dôme. Collez-le sur la tête.

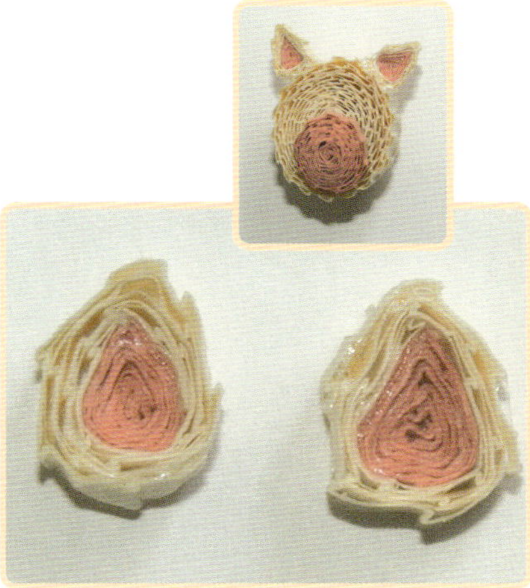

6 Faites ensuite les oreilles en enroulant d'abord les demi-bandelettes roses, puis en terminant par des demi-bandelettes crème. Modelez les oreilles et créez un peu de relief en les « creusant » légèrement, puis collez-les sur la tête.

7 Découpez 2 cornes dans une bandelette marron et collez-les derrière les oreilles.

8 Ajoutez des yeux mobiles sur la tête et collez cette dernière sur le corps de la vache.

9 Pour faire la queue, coupez environ 8 cm de bandelette crème et découpez-la en 3 dans sa largeur. Pliez en deux dans sa longueur un des morceaux et collez-le ainsi. Découpez des « franges » sur un morceau de bandelette marron. Collez-les sur le morceau de bandelette crème. Collez la queue sur le derrière de la vache.

Un mouton tout... ...frisé

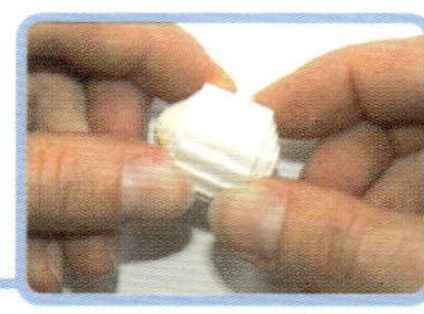

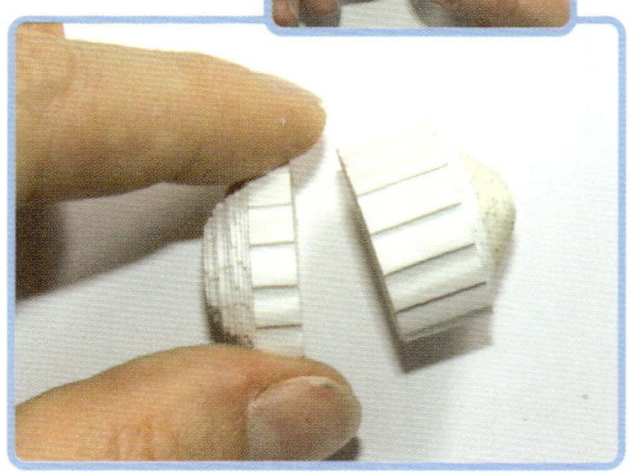

1 Enroulez de larges bandelettes blanches de façon à obtenir 3 cercles de même taille (environ 3 cm de diamètre). Faites 2 petits dômes avec deux des cercles obtenus. Pour former le corps du mouton, collez les deux dômes de chaque côté du cercle plat.

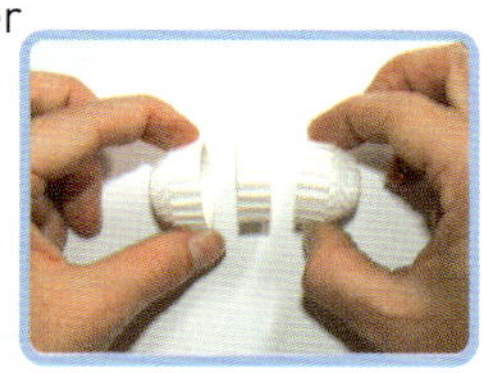

2 Faites 4 petits cylindres pour créer les pattes du mouton. Puis collez les 4 pattes sur le corps.

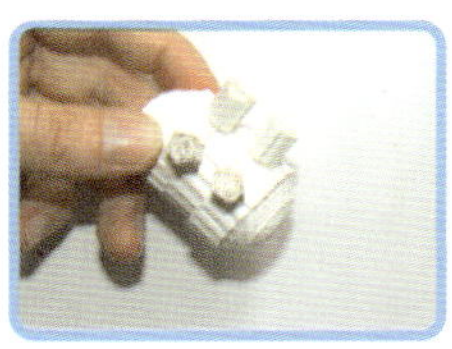

3 Faites ensuite un 2e cercle d'environ 2,5 cm de diamètre en commençant par enrouler des bandelettes crème et en terminant par des bandelettes blanches. Faites ensuite un 2e cercle d'environ 2,5 cm de diamètre avec des demi-bandelettes. Faites 2 dômes avec ces cercles et collez-les ensemble pour former la tête. La face du mouton est le côté à 2 couleurs.

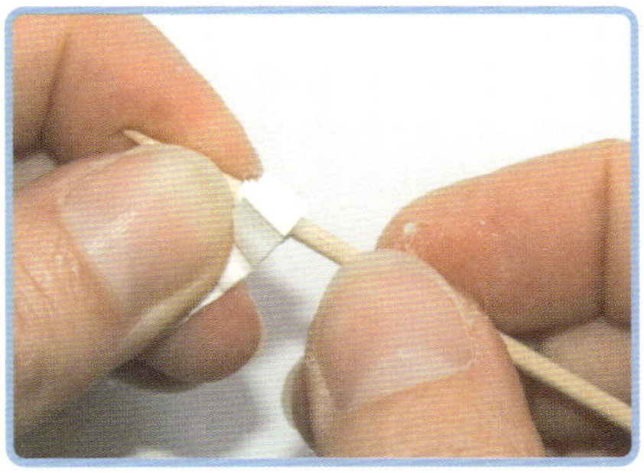

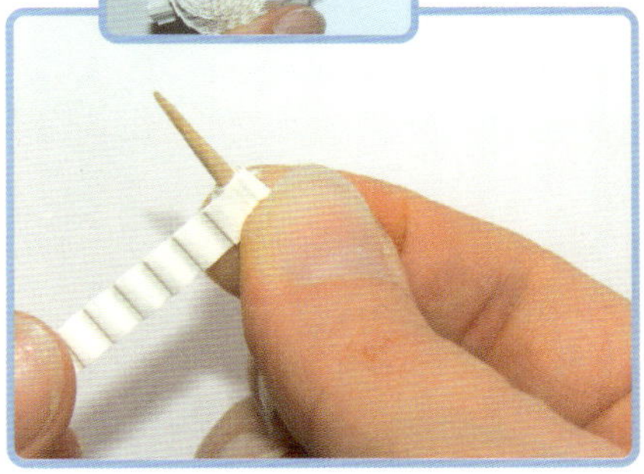

4 Créez les oreilles avec des demi-bandelettes que vous enroulez et modelez.
Créez un peu de relief en « creusant » légèrement les oreilles, puis collez ces dernières sur la tête.

5 Pour faire la queue du mouton, enroulez le bout d'un morceau de demi-bandelette sur une pique en bois. Collez la queue sur le derrière du mouton.

6 Faites de même pour créer les « bouclettes » sur la tête du mouton : enroulez des petits bouts de demi-bandelettes sur une pique en bois et collez-les ensuite sur la tête et devant les oreilles.

7 Faites un museau en enroulant un tiers de bandelette crème et en le collant sur la tête.
Terminez en ajoutant des yeux mobiles sur la tête, puis collez cette dernière sur le corps.

Un coq prêt à chanter

1 Enroulez des bandelettes noires et formez une sorte d'ovale. Faites un dôme que vous fixerez avec de la colle sur l'envers.

Collez une nouvelle bandelette noire sur l'ovale à partir de la partie arrondie. Modelez la queue du coq en pinçant la nouvelle bandelette au niveau de la pointe de l'ovale.
Créez ainsi 3 pincements égaux que vous collerez pour qu'ils se tiennent bien. Puis continuez le tour de l'ovale, en n'hésitant pas à coller la bandelette noire si elle ne tient pas bien.
Faites 2 tours de façon à « épaissir » la queue du coq.

2 Pour créer la tête du coq, faites un cercle avec une bandelette noire, mettez un point de colle pour fixer, mais laissez dépasser environ 2 cm de bandelette. Faites un dôme et fixez-le sur l'envers avec de la colle. Collez la tête sur le corps avec le bout de bandelette qui dépasse. Ne collez pas toute la languette , de façon à laisser la tête un peu « libre » : elle pourra ainsi bouger.

3 Créez le bec du coq en modelant deux petits ovales avec des bouts de demi-bandelette jaune.
Collez les 2 ovales entre eux, puis collez-les sur la tête.

4 Créez ensuite la crête du coq : faites 3 petits ovales en enroulant des bouts de demi-bandelette dorée.
Collez les ovales dorés un à un sur le sommet de la tête.

5 Faites ensuite une sorte de goutte avec une demi-bandelette crème pour créer l'aile du coq.
Faites un dôme avec l'aile et collez bien l'envers pour fixer le dôme. Puis collez l'aile sur le corps du coq.

6 Créez les pieds du coq en faisant 2 triangles de demi-bandelettes jaunes.
Collez les 2 triangles jaunes ensemble, puis, collez-les sous le corps du coq de façon à ce qu'il puisse tenir debout.

7 Pour terminer, collez un œil mobile sur la tête du coq.

Jaune comme un caneton

1 Enroulez des bandelettes jaunes et formez une sorte d'ovale. Faites un dôme que vous fixerez avec de la colle sur l'envers.

2 Pour créer la tête du canard, faites un nouveau cercle avec une bandelette jaune, mettez un point de colle pour le fermer, mais laissez dépasser environ 1 cm de bandelette.
Faites un dôme avec ce cercle et fixez-le sur l'envers avec de la colle.
Collez la tête sur le corps du canard avec le bout de bandelette qui dépasse.

3 Créez le bec du canard en modelant deux petits ovales avec des bouts de demi-bandelette rouge.
Collez les 2 ovales entre eux, puis collez-les sur la tête.

4 Faites ensuite une sorte de goutte avec une demi-bandelette jaune pour créer l'aile du canard.
Faites un dôme avec l'aile et collez-la sur le corps.

5 Créez ensuite les pieds avec une demi-bandelette jaune : modelez 3 « pincements » que vous collerez pour qu'ils tiennent bien. Puis, faites un 2e passage avec la demi-bandelette autour, afin d'épaissir le pied.
Collez les 2 pieds sous le corps du canard de façon à ce qu'il puisse tenir debout.

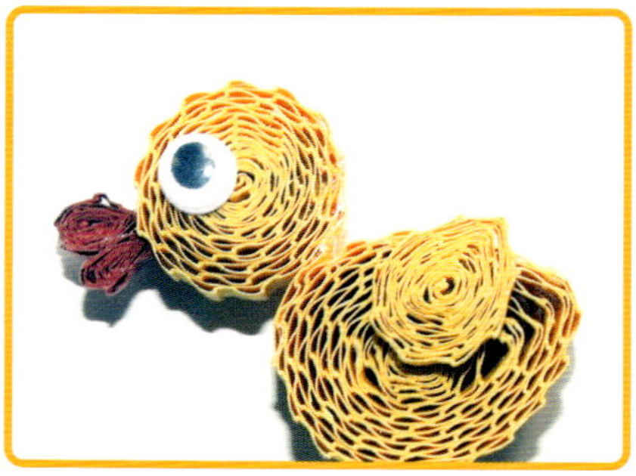

6 Pour terminer, collez un œil mobile sur la tête du canard.

Objets décoratifs

Tirelire

Range CD

Boîte

De jolis pics pour une tirelire

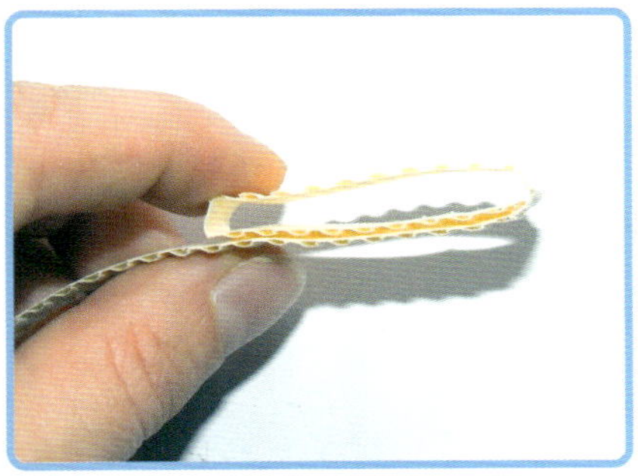

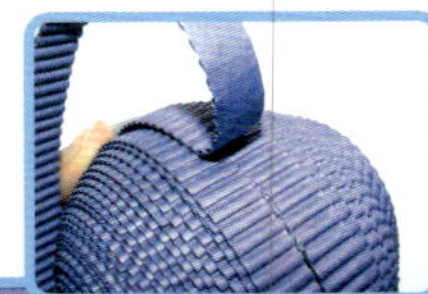

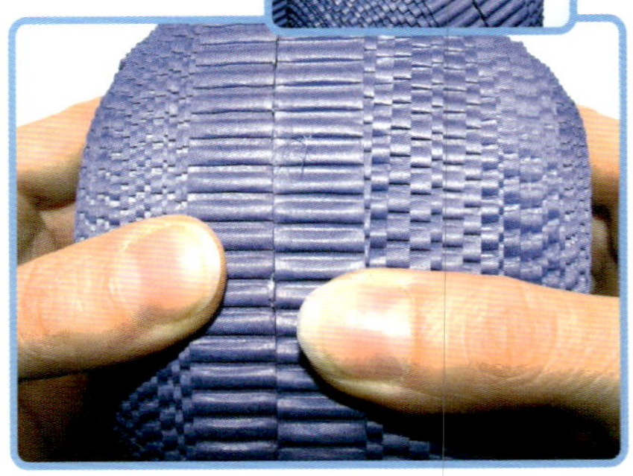

1 Commencez par plier une bandelette crème de façon à créer un rectangle comme sur la photo, cela servira de fente pour la tirelire. Continuez ensuite l'enroulement sur 5 tours.

2 Reprenez ensuite l'enroulement avec des bandelettes violettes pour obtenir un grand ovale bien serré d'environ 11 cm de diamètre. Modelez en dôme assez profond et collez l'intérieur pour bien le fixer.

3 Faites un 2e cercle violet bien serré du même diamètre (environ 11cm) que vous modèlerez en dôme plus léger et que vous fixerez aussi avec de la colle sur l'intérieur. Collez ensuite les deux dômes ensemble, puis collez une nouvelle bandelette violette à la jointure pour la masquer. Vous obtenez une sorte de boîte ovale avec une fente sur le dessus.

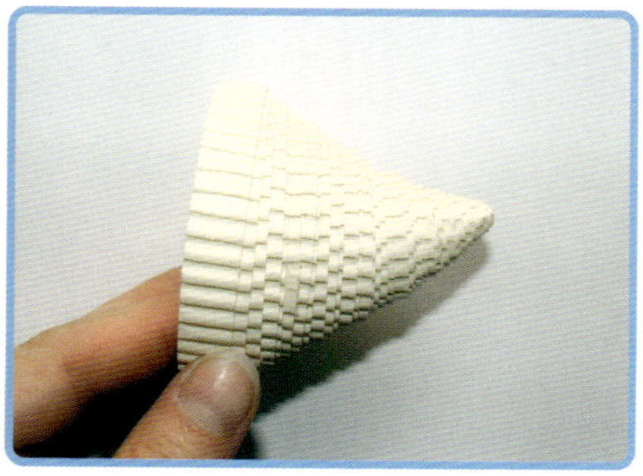

4 Faites ensuite un cône un peu recourbé avec des bandelettes blanc cassé en partant d'un cercle d'environ 6,5 cm de diamètre. Collez l'intérieur pour maintenir le cône.
Pour créer le museau, collez au bout du cône un tout petit rond noir fait avec une demi-bandelette.
Enfin, collez la tête sur le corps dans le prolongement de la fente.

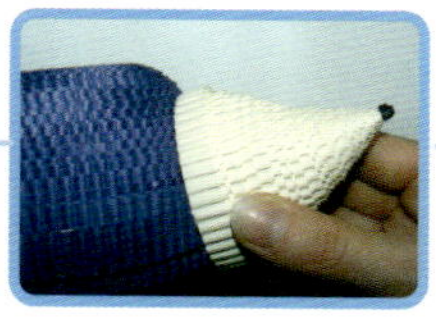

5 Préparez ensuite une cinquantaine de petits cônes à partir de cercles découpés dans une bandelette violette. Fixez bien chaque cône en le collant à l'intérieur.
Puis collez les cônes sur le corps du hérisson en commençant par le tour de la fente et en serrant bien les cônes les uns contre les autres.

6 Terminez en collant 2 gros yeux mobiles sur la tête du hérisson.

Une **boîte** en forme de grenouille

1 Faites d'abord un grand cercle avec des bandelettes vertes bien serrées. Modelez ensuite le cercle, d'abord en créant un creux au centre (une sorte de dôme inversé), puis en rabattant les bords. On obtient ainsi une coupelle qu'il faut fixer sur l'envers avec de la colle pour éviter qu'elle ne bouge.

2 Pour former la tête, faites ensuite 2 dômes verts, l'un avec des bandelettes de 1 cm de large, l'autre avec des demi-bandelettes, et collez-les ensemble.

3 Pliez en deux et collez une fine bandelette rouge. Collez-la sur la tête en arc de cercle afin de créer une bouche.

4 Faites ensuite 4 petits cercles : 2 verts et 2 plus petits blancs. Faites ensuite 4 dômes. Assemblez chaque dôme vert avec chaque dôme blanc. Pour former des yeux, découpez avec une perforatrice ou un poinçon deux petits ronds dans une bandelette (ou un papier) de couleur noire. Les yeux sont ainsi formés. Collez-les sur la tête de la grenouille.

5 Collez alors la tête sur le bord de la coupelle.

6 Faites ensuite 12 gouttes avec des demi-bandelettes vertes. Modelez-les en légers dômes et collez-les ensemble en fleur, 3 par 3, comme sur la photo. Vous venez de créer 4 pattes que vous collez sous la coupelle, aux quatre angles, de façon à stabiliser la grenouille.

7 Enfin, faites un nouveau dôme vert du même diamètre que l'intérieur de la coupelle. Collez au-dessus de ce dôme un petit dôme fait avec une demi-bandelette, qui servira de petite poignée.
Le couvercle de la boîte est ainsi créé. Vous n'avez plus qu'à le poser sur la coupelle.

Pour ranger les CD

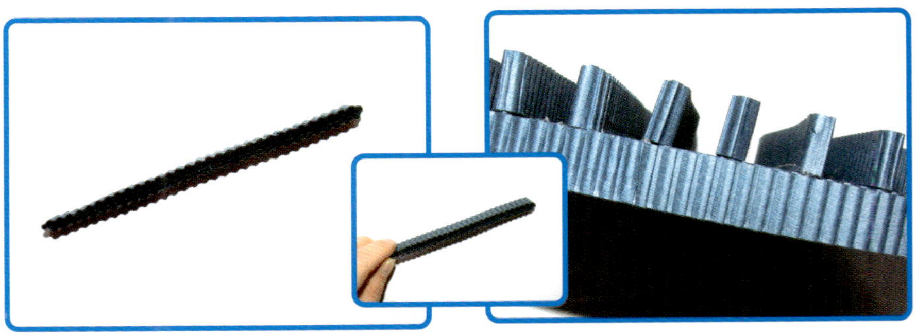

1 Faites un très grand ovale d'environ 15 cm de largeur sur 21 cm de longueur en serrant bien les bandelettes bleues. Commencez en pliant une bandelette sur environ 7 cm et en poursuivant l'enroulement, comme sur la photo.

2 Faites ensuite 9 longues bandes qui serviront de séparation pour les CD : pliez une bandelette en 2 sur environ 14,5 cm, collez-la et faites un nouveau tour pour l'épaisseur ; il y aura ainsi 4 épaisseurs de bandelette. Faites 4 bandes moins longues pour que celles qui sont au début et à la fin du porte-CD ne dépassent pas. Collez ensuite les bandes sur le grand ovale : prenez un CD pour vous servir de repère et laissez suffisamment d'espace entre chaque bande.
Pensez aussi à laisser la place au début et à la fin pour les formes du chat.

3 Pour créer le derrière du chat, modelez un léger dôme d'environ 8 cm de diamètre et aplatissez-le un peu sur un bord afin de pouvoir le coller sur l'une des extrémités du porte-CD.

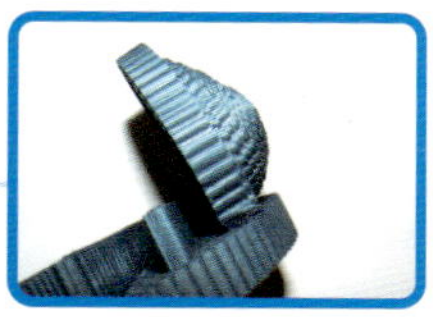

6 Pour la queue, pliez en 2 et collez une fine bande bleue, et effilez-la au bout avant de la coller au centre sur l'arrière du chat.

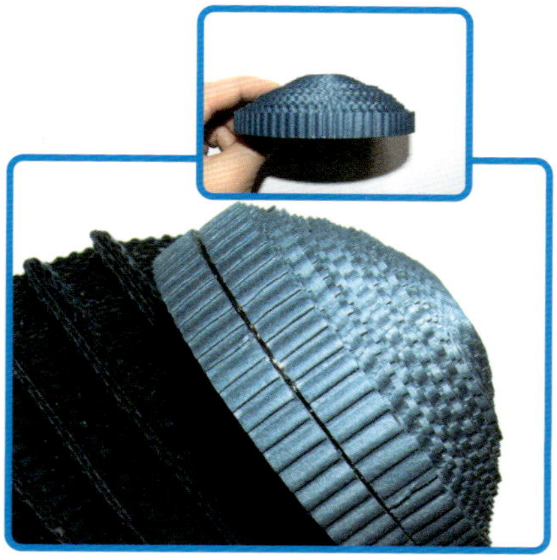

4 Faites ensuite 2 cercles bleus d'environ 9 cm en les aplatissant aussi sur un bord. Collez l'un des cercles à l'autre extrémité du CD après l'avoir consolidé pour qu'il tienne bien (vous collez la face sur laquelle s'appuiera la tête du chat). Pour créer la tête du chat, faites un léger dôme avec le 2e cercle (fixez-le aussi en collant l'intérieur), puis collez-le contre le 1er cercle au bout du porte-CD.

5 Enroulez une demi-bandelette rose en modelant un triangle, puis enroulez par-dessus une demi-bandelette bleue. Faites ainsi 2 oreilles et creusez-les un peu pour leur donner du relief. Puis collez-les sur la tête du chat. Faites ensuite un nouveau triangle avec une demi-bandelette rose pour créer le museau. Découpez 6 très fines bandes bleues que vous effilerez au bout pour les moustaches. Collez le museau rose au centre de la tête du chat ainsi que les moustaches de chaque côté du museau. Terminez en collant 2 grands yeux mobiles sur la tête.

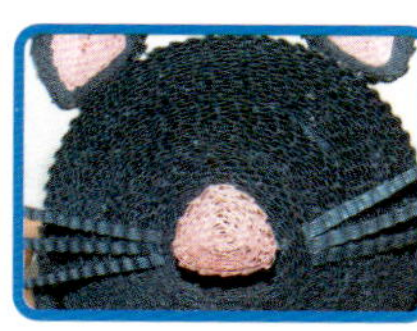

Vive le cirque

Paula l'otarie

Risette le clown

Patapon l'éléphant

Patapon l'éléphant

1 Faites 2 cercles argentés d'environ 5 cm de diamètre. Modelez en légers dômes. Collez les deux dômes ensemble, puis collez une nouvelle bandelette argentée à la jointure pour la masquer.

2 Pour créer les pattes de l'éléphant, faites 4 larges cylindres avec des bandelettes. Découpez des petits crans dans une bandelette noire pour faire les « ongles », puis, collez-les sur chaque patte. Collez ensuite les 4 pattes sur le corps.

3 Coupez un morceau d'environ 3 cm de long dans un tiers de bandelette argentée, pliez-le en 2 et fixez-le avec de la colle. Puis collez-le à l'arrière de l'éléphant en recourbant un peu l'extrémité pour former la queue.

4 Pour former la tête, faites ensuite 2 cercles argentés d'environ 2,5 cm de diamètre, l'un avec des bandelettes de 1 cm de large, l'autre avec des demi-bandelettes. Faites 2 dômes avec ces cercles et collez-les ensemble, puis collez une nouvelle bandelette argentée à la jointure pour la masquer.

5 Pour créer la trompe, découpez un petit cercle. Faites ressortir l'intérieur en vous aidant éventuellement d'une pique en bois, de façon à obtenir un long cylindre. Recourbez-le un peu pour lui donner la forme de la trompe et collez l'intérieur pour bien maintenir l'ensemble.

6 Avec une demi-bandelette blanche, faites de même, mais en très petit, pour créer les 2 défenses. Collez ensuite la trompe sur la tête, puis les défenses de chaque côté de cette dernière.

7 Créez deux oreilles en enroulant une demi-bandelette argentée sans trop serrer pour pouvoir ensuite modeler la forme des oreilles. Donnez-leur du relief en les « creusant » un peu, puis collez-les de chaque côté de la tête.

8 Faites ensuite un petit cercle avec une demi-bandelette verte, terminez par un tour du cercle avec une demi-bandelette jaune. Modelez un petit dôme et collez l'intérieur. Faites alors un tout petit cercle avec une demi-bandelette rouge et collez-le droit sur le dôme vert pour créer le chapeau de l'éléphant. Collez le chapeau sur la tête.

9 Pour terminer, collez la tête sur le corps de l'éléphant, puis les yeux mobiles sur la tête.

Risette le clown

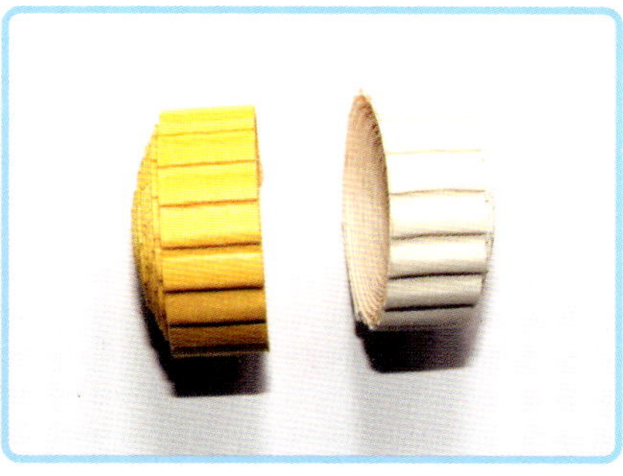

1 Faites deux cercles d'environ 2,5 cm, un blanc cassé et un jaune.
Modelez-les en légers dômes et collez-les ensemble pour créer la base de la tête.

2 Modelez 2 petits ronds avec une demi-bandelette blanc cassé, deux triangles avec une demi-bandelette blanche puis un petit rond et une bouche avec une demi-bandelette rouge. Collez-les sur la tête et ajoutez les yeux mobiles au centre des triangles blancs.

3 Prenez ensuite une bandelette jaune d'environ 7 cm de large, et faites des franges de chaque côté, puis bouclez les franges en les enroulant sur une pique en bois, comme sur la photo. Collez ensuite ces cheveux sur le dessus de la tête du clown.

4 Faites un cercle en commençant avec une demi-bandelette violette et en terminant avec une demi-bandelette rose. Modelez un dôme. Faites 5 petits ronds avec une demi-bandelette rose et 1 plus petit avec une demi-bandelette jaune. Collez les 5 ronds roses ensemble, puis au centre, le rond jaune. Prenez un bout de bandelette verte et roulez-le en le collant pour obtenir une tige. Collez-le derrière la fleur. Collez ensuite la fleur au centre du dôme en creusant ce dernier. Collez le chapeau sur la tête du clown.

5 Ajoutez un petit cylindre blanc cassé sous la tête pour réaliser le cou du clown.

6 Faites ensuite un cercle bleu bien serré d'environ 3,8 cm. Modelez un cône et collez l'intérieur pour le maintenir. Faites un deuxième cercle bleu bien serré plus petit (environ 2,8 cm) que vous collerez dans le cône précédent pour le tenir, mais aussi pour pouvoir fixer les jambes et les pieds du clown.

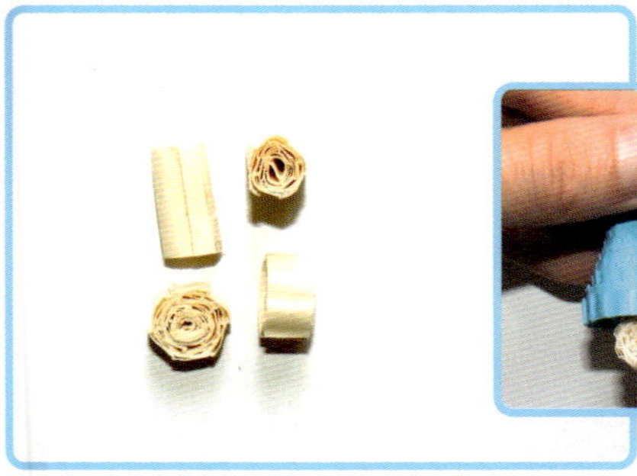

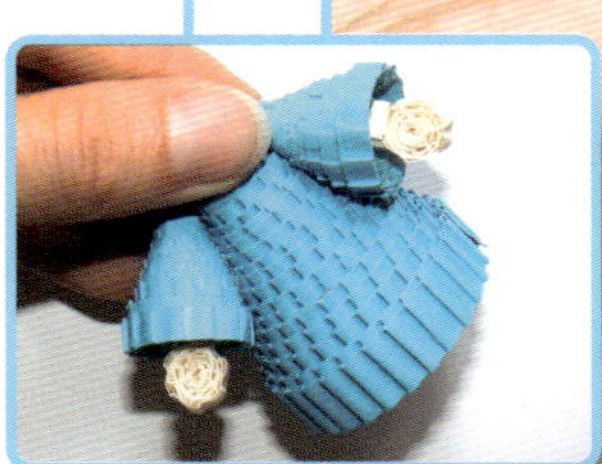

7 Créez deux petits cônes avec des demi-bandelettes bleues pour les manches. Faites aussi 2 cylindres et 2 petits ovales avec une demi-bandelette blanc cassé. Collez les ovales sur les cylindres pour obtenir les bras, puis collez-les à l'intérieur des cônes. Collez les bras de chaque côté du corps, puis la tête au-dessus du corps.

8 Faites deux cercles d'environ 2 cm avec des demi-bandelettes vertes pour les coller sous le corps du clown. Modelez deux ovales avec des demi-bandelettes violettes et « bombez » un peu le bout pour créer les chaussures. Collez au-dessus 2 petits ronds que vous aurez perforés dans une bandelette jaune. Collez les chaussures sous les cercles verts.

9 À l'aide d'une perforatrice ou d'un poinçon, découpez de nombreux petits ronds dans des bandelettes de toutes les couleurs. Collez-les sur la tunique du clown.

Paula l'otarie

1 Pour créer le corps de l'otarie, commencez par enrouler une bandelette noire. Après avoir formé un petit cercle, mettez un point de colle pour le maintenir. Puis, comme sur la photo, repliez le bout de la bandelette à environ 3 cm et reprenez le tour du cercle créé. Continuez à enrouler des bandelettes noires autour de cette forme en créant une pointe à l'opposé de la partie arrondie. Pour maintenir la forme, vous pouvez mettre un point de colle de temps en temps. Modelez bien la forme comme sur la photo.

2 Faites ensuite deux petites gouttes avec des bandelettes noires. Collez-les de chaque côté du corps.

3 Pour former la tête, faites 2 cercles noirs d'environ 2,5 cm de diamètre, l'un avec des bandelettes de 1 cm de large, l'autre avec des demi-bandelettes. Faites un léger dôme avec le cercle le plus fin, et modelez le museau avec le cercle plus large en ressortant et en recourbant le centre du cercle (aidez-vous d'une pique en bois). Collez l'intérieur des formes pour les maintenir, puis l'ensemble. Enfin, collez la tête sur le corps de l'otarie.

4 Faites ensuite un petit cercle en commençant avec une demi-bandelette violette et en terminant par une demi-bandelette bleue.
Modelez un petit cône et collez l'intérieur. Faites alors un tout petit cercle avec une demi-bandelette jaune et collez-le droit sur le cône pour créer le chapeau de l'otarie. Collez le chapeau sur la tête.

5 Pour faire le ballon, commencez par un tout petit cercle avec une demi-bandelette verte, entourez-la avec une demi-bandelette bleue. Entourez à nouveau la forme avec une demi-bandelette jaune, et ainsi de suite avec plusieurs couleurs, comme sur la photo, de façon à obtenir une sorte de balle. Collez ensuite cette dernière sur le museau de l'otarie.

6 Terminez en collant les yeux mobiles sur la tête.

Tire...
et but !!!

Ballon

Footballeur

1, 2, 3 but !

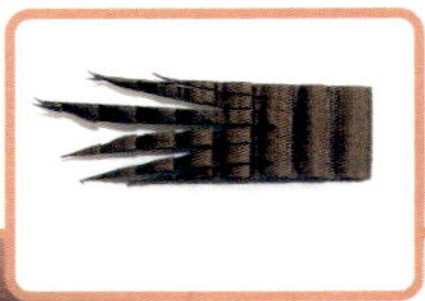

1 Modelez le visage en faisant 2 ovales de même taille et en légers dômes, un blanc cassé et un marron. Collez-les ensemble. Si vous le souhaitez, vous pouvez aussi faire un visage rond. Pour cela, faites 2 cercles au lieu de 2 ovales.

2 Faites ensuite 2 petits ovales et un petit rond blanc cassé. Collez les ovales de chaque côté de la tête pour faire les oreilles, et le petit rond au centre du visage pour le nez.

3 Collez ensuite deux petits morceaux de bandelette marron au-dessus de la tête pour préparer les cheveux. Faites ensuite des franges dans ces 2 morceaux. Vous pouvez aussi modeler des coiffures différentes : franges plus longues attachées en queue de cheval, ou encore cheveux frisés en enroulant les franges autour de piques en bois...

4 Faites un petit cylindre que vous collerez sous la tête pour faire le cou.

5 Faites ensuite un grand cercle vert (environ 3,5 cm de diamètre) et modelez-le en cône (maintenez-le bien en collant l'intérieur). Faites un 2e cercle vert plus petit (environ 2,5 cm de diamètre) que vous collerez à l'intérieur du cône, comme sur la photo. Collez ensuite la tête sur le cône.

6 Faites 2 petits cônes verts avec des demi-bandelettes. Modelez aussi 4 cylindres blanc cassé et deux petites mains (créées en assemblant deux petits ovales de tailles différentes).
Coupez 2 des 4 cylindres en biseau comme expliqué au début du livre.
Collez alors ensemble 1 cylindre avec 1 cylindre biseauté et 1 main pour créer 1 bras.
Puis collez le bras ainsi formé à l'intérieur d'un petit cône vert. Procédez de la même façon pour le 2e bras. Collez-les ensuite le long du corps. Vous pouvez ainsi les orienter et leur faire faire des mouvements précis.

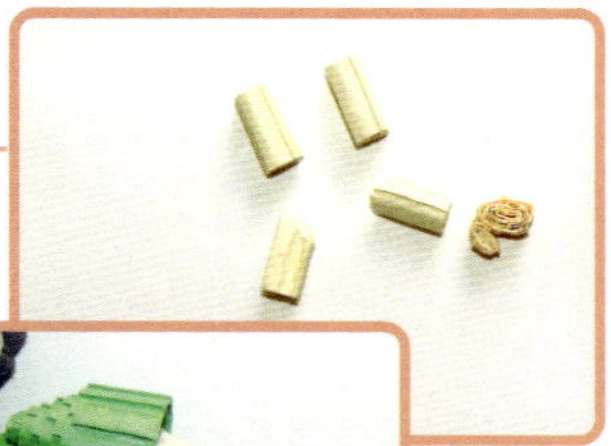

7 Faites le col du tee-shirt avec un petit morceau de demi-bandelette jaune et collez-le autour du cou.

8 Pour créer le short du footballeur, faites ensuite deux petits cônes jaunes que vous collez sous le tee-shirt (voir la photo).

1, 2, 3 but !

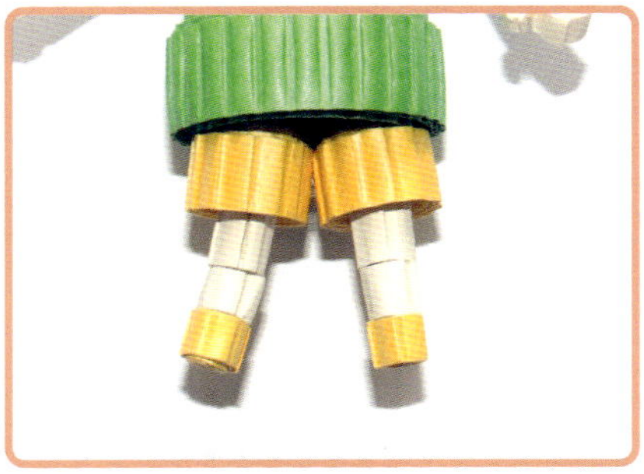

9 Avec 4 cylindres blanc cassé et 2 cylindres jaunes de même diamètre, préparez les jambes. Collez les cylindres les uns sur les autres. Terminez avec une fine bandelette verte autour des cylindres jaunes pour les chaussettes. Collez chaque jambe dans chaque cône jaune du short. Vous pouvez, comme pour les bras, articuler les jambes en utilisant des petits cylindres biseautés.

10 Faites ensuite 2 ovales noirs bien serrés, puis collez dessus 3 très fines bandes jaunes.
Collez ensuite les chaussures sous les jambes pour faire tenir le footballeur debout.

11 Terminez en fignolant le visage : collez 2 petits yeux mobiles et dessinez des sourcils au feutre marron et une bouche au feutre rouge.

Le ballon

1 Faites un petit cercle avec une demi-bandelette.
Enroulez par-dessus le cercle noir une demi-bandelette blanche sur quelques tours. Collez. Continuez en enroulant à nouveau une demi-bandelette noire sur quelques tours, et ainsi de suite en alternant les couleurs. Faites ainsi un cercle bicolore de 1,5 à 2 cm environ. Modelez le cercle en dôme.

2 Faites de même pour un 2e dôme bicolore. Puis collez ensemble les 2 dômes.
Terminez en enroulant une demi-bandelette à la jointure pour la masquer.

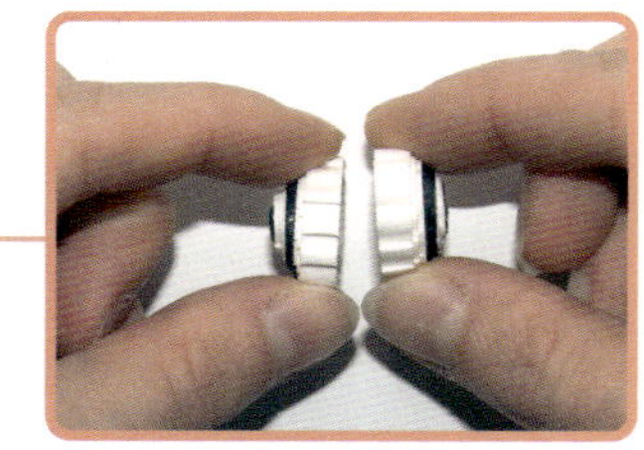

De belles idées !

Une parure très originale

Un miroir très champêtre

Bracelet et collier

1 Commencez par enrouler une demi-bandelette autour d'une pique en bois.
Serrez fort pour bien maintenir le cercle.
Après avoir terminé avec un point de colle, enlevez la pique en bois, modelez le cercle en dôme et collez l'intérieur pour le maintenir.
Faites ainsi 2 dômes, puis collez-les ensemble.

Terminez en enroulant une demi-bandelette à la jointure pour la masquer.

Vous pouvez ainsi varier les couleurs pour créer différentes perles.

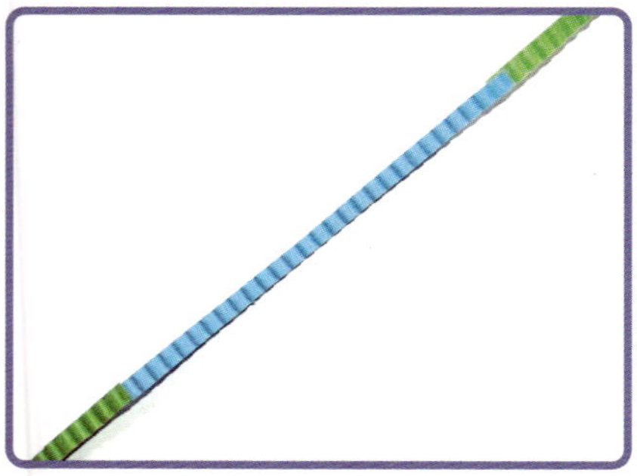

2 Pour faire des perles bicolores, découpez des demi-bandelettes et collez les morceaux les uns à la suite des autres en alternant les couleurs. Puis utilisez la bandelette ainsi créée comme une demi-bandelette classique. Reprenez à l'étape 1 : formez 2 dômes identiques avec un trou au milieu, assemblez-les et consolidez-les avec une demi-bandelette. Créez ainsi des perles de différentes couleurs et de différentes tailles, que vous enfilerez ensuite sur un lacet ou sur un fil.

3 Vous pouvez aussi créer des perles ovales, plus allongées : il suffit de faire des dômes plus profonds, un peu comme des cônes.
Suivez ensuite les mêmes étapes. Vous pouvez encore les enjoliver de différentes façons en superposant les fines bandelettes qui entourent la perle.

Miroir

Recouvrez d'abord la moitié du miroir avec du carton ondulé blanc, puis l'autre moitié avec du carton ondulé vert. Créez un relief en faisant des découpes arrondies dans le carton ondulé vert et en simulant ainsi des collines.

Le papillon

1 Commencez par faire une petite goutte avec une bandelette verte. Enroulez ensuite une bandelette jaune autour de la goutte verte (environ 3 tours). Terminez en enroulant une bandelette violette. Modelez bien en goutte. Vous obtenez ainsi une aile de 3 couleurs. Faites ainsi 2 grandes et 2 petites ailes. Pour donner un peu de relief, vous pouvez « bomber » un peu les ailes.

2 Pliez ensuite en deux une bandelette jaune sur environ 5 cm, collez et continuez l'enroulement sur 2 tours afin de créer le corps du papillon. Comme sur la photo, collez les ailes symétriquement de chaque côté du corps.

3 Faites ensuite un petit rond avec une bandelette verte. Collez-le au bout du corps.

4 Modelez ensuite les antennes en pliant en 2 environ 7 cm de bandelette verte et en recourbant les extrémités. Collez au niveau de la pliure au-dessus de la tête.

5 Collez ensuite le papillon sur le miroir. Faites ainsi 2 papillons de couleurs différentes.

La fourmi

1 Faites 2 petits dômes noirs de tailles différentes et collez-les ensemble, la grande au dessus de la petite.

2 Faites ensuite une goutte noire plus grande que les dômes, modelez-la en dôme et collez-la sous le plus petit dôme pour créer le corps de la fourmi.

3 Faites alors les antennes : enroulez une demi-bandelette noire, faites un petit rond. Mettez un point de colle et laissez dépasser environ 4 cm de bandelette. Pliez en 2 ce morceau qui dépasse. Maintenez le pliage en 2 de la bandelette qui dépasse en la collant sur elle-même. Collez ensuite ces 2 antennes sur la tête de la fourmi.

Miroir

4 Procédez de la même façon pour créer les pattes de la fourmi : faites 4 petites pattes avec un bout en ovale au lieu du rond et une languette qui dépasse d'environ 3 cm (longueur pliée, donc 6 cm dépliée), ainsi que 2 pattes avec des ovales un peu plus grands pour les « jambes », comme sur la photo. Collez ensuite les 4 pattes de chaque côté du petit dôme au centre du corps, et les 2 autres sous le corps en les modelant un peu pour leur donner un mouvement.

5 Terminez en collant les yeux mobiles et un demi-rond rouge pour la bouche sur la tête de la fourmi. Puis collez la fourmi sur le miroir.

La chenille

1 Faites 6 ronds de tailles croissantes avec des bandelettes bleues. Modelez-les en dôme et collez-les les uns à la suite des autres en quinconce pour faire le corps de la chenille.

2 Faites ensuite un rond (un peu plus petit que le plus grand rond du corps) avec une bandelette verte et collez-le au-dessus du plus grand rond du corps.

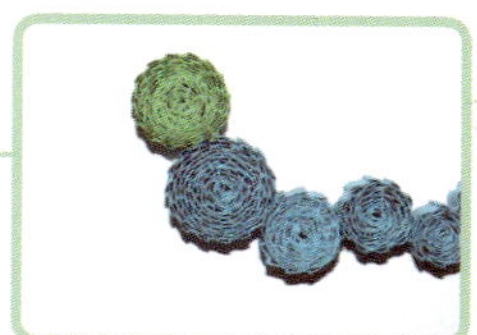

3 Faites alors les antennes : enroulez une demi-bandelette bleue, faites un petit rond. Mettez un point de colle et laissez dépasser environ 4 cm de bandelette. Pliez en 2 ce morceau. Maintenez le pliage en 2 de la bandelette en la collant sur elle-même. Collez ensuite ces 2 antennes sur la tête de la chenille.

4 Terminez en collant sur la tête de la chenille les yeux mobiles et un demi-rond rouge pour la bouche. Puis collez la chenille sur le miroir.

Terminez le décor du miroir en faisant des petites fleurs de différentes couleurs ainsi qu'un grand soleil jaune.

De beaux magnets pour décorer le frigo !

Poire
Aubergine
Carotte
Pomme
Hamburger
Sushi

Aubergine

1 Modelez un ovale en dôme avec des bandelettes violettes. Donnez-lui la forme d'une aubergine. Collez bien l'envers pour maintenir la forme.

2 Faites ensuite 3 petites gouttes en dôme, puis collez-les sur l'aubergine.

3 Collez ensuite un aimant sur l'envers.

Navet

1 Pour former le corps du navet, faites une goutte assez pointue et en dôme, comme sur la photo. Collez bien l'envers pour maintenir la forme.

2 Faites ensuite 3 petites gouttes en dôme, collez-les ensemble, puis sur le navet.

3 Collez ensuite un aimant sur l'envers.

Carotte

1 Pour former la carotte, faites un ovale assez pointu et en dôme, comme sur la photo. Collez bien l'envers pour maintenir la forme.

2 Faites ensuite 3 petites gouttes en dôme, collez-les ensemble, puis sur la carotte.

3 Collez ensuite un aimant sur l'envers.

Oignon

1 Faites une goutte pointue et en dôme pour former le corps de l'oignon.
Collez bien l'envers pour maintenir la forme.

2 Collez des bandelettes vertes de différentes tailles de chaque côté de la pointe.

3 Découpez de fines bandelettes marron et collez-les sur le bas de l'oignon.
Collez ensuite un aimant sur l'envers.

Radis

1 Faites un ovale rouge et en dôme. Entourez la moitié de l'ovale d'un morceau de bandelette blanche et pincez le bout de façon à créer une pointe. Recommencez 4 fois en accentuant de plus en plus la pointe. Égalisez la forme en entourant l'autre moitié de plusieurs couches de bandelettes rouges.

2 Modelez les feuilles en formant une fourche. Collez-les sur le radis.

3 Découpez un petit morceau de bandelette blanche et arrondissez les angles, puis collez-le sur le radis de façon à séparer la forme en 2.
Pour finir, collez un aimant sur l'envers.

Poire

1 Faites une goutte en dôme pour former le corps de la poire. Collez bien l'envers pour maintenir la forme.

2 Faites une petite goutte verte en dôme pour la feuille, et pliez en deux un petit morceau d'une demi-bandelette marron pour la queue.

3 Collez la feuille et la queue sur la poire. Pour finir, collez un aimant sur l'envers.

Pomme

1 Faites un cercle rouge en dôme pour former le corps de la pomme. Collez bien l'envers pour maintenir la forme. Faites une petite goutte verte en dôme pour la feuille, et pliez en deux un petit morceau d'une demi-bandelette marron pour la queue.

2 Collez la feuille et la queue sur la pomme.

3 Pour finir, collez un aimant sur l'envers.

Cerises

1 Faites deux petits cercles rouges en dôme pour former les cerises. Préparez une petite goutte verte en dôme pour la feuille.

2 Pliez en deux un morceau (environ 12 cm) d'une demi-bandelette marron pour la queue. Collez-le et repliez en 2 pour marquer le pli central.

3 Collez la feuille sur la queue à côté de la pliure, puis la cerise à chaque extrémité. Pour finir, collez un aimant sur l'envers du magnet.

Cornet de glace

1 Modelez un long cône avec une demi-bandelette blanc cassé. Collez l'intérieur pour qu'il ne bouge pas.

2 Faites un petit dôme avec une demi-bandelette rose. Collez l'intérieur, puis le dôme sur le cône pour former la glace.

3 Pour fignoler, collez deux très fines bandelettes : l'une (rose) autour de la boule de glace et l'autre (blanc cassé) autour du cône. Collez ensuite un aimant sur l'envers.

Sushi

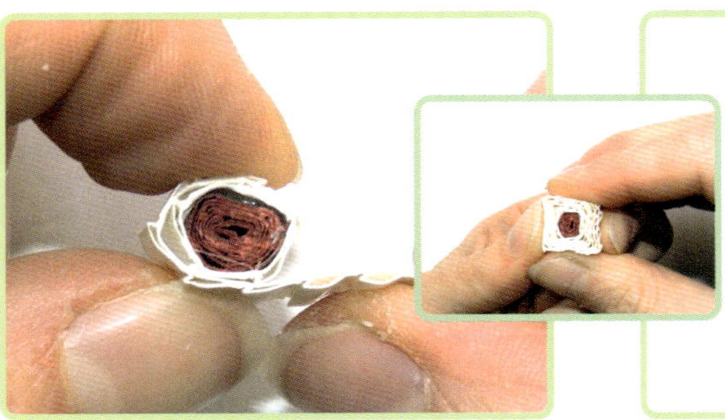

1 Faites un cylindre rouge. Enroulez autour une bande-lette blanche et modelez l'ensemble en carré.

2 Terminez en enroulant une bandelette noire autour. Faites ainsi 6 petits carrés et collez-les ensemble sur 2 rangées.

3 Pour finir, collez un aimant sur l'envers.

Hamburger

1 Faites 2 carrés avec une très fine bandelette blanc cassé (1/3 de bandelette dans sa largeur) : faites un cercle un peu lâche et modelez un carré. Collez l'envers des carrés pour les maintenir.

2 Découpez ensuite 4 morceaux de bandelettes vertes en faisant des vagues sur le bord. Comme sur la photo, collez-les tout autour d'un carré.

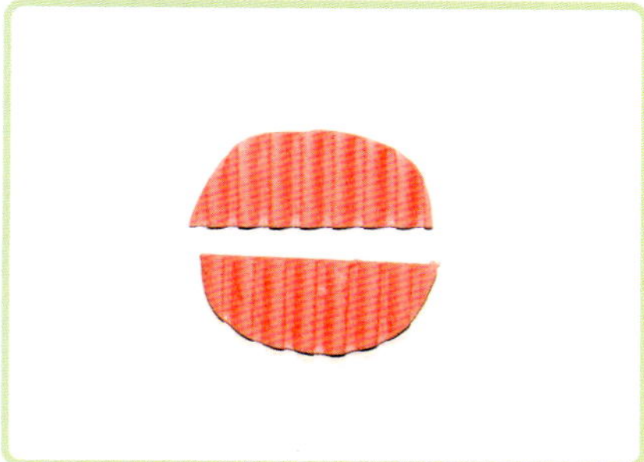

3 Découpez ensuite 4 morceaux de bandelettes roses en arrondi et collez-les par-dessus les morceaux verts en laissant dépasser ces derniers.

4 Terminez en collant par-dessus le 2e carré blanc cassé pour « fermer » le sandwich. Collez ensuite un aimant sur l'envers.

Des accessoires de bureau !

En

Pinces

du temps

Pot à crayons

emploi du temps sorcière

Créez d'abord la sorcière

1 Faites deux cercles d'environ 2 cm, un avec des bandelettes blanc cassé et l'autre avec une demi-bandelette marron. Modelez-les en légers dômes et collez-les ensemble pour créer la base de la tête.

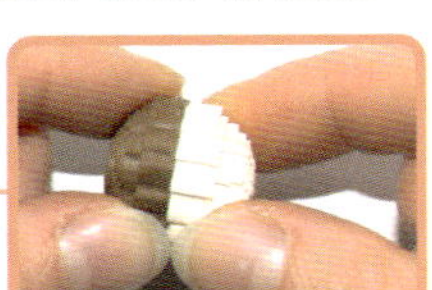

2 Prenez un morceau de bandelette marron d'environ 5 cm, et faites des franges de chaque côté.
Collez ensuite ces cheveux au-dessus de la tête.

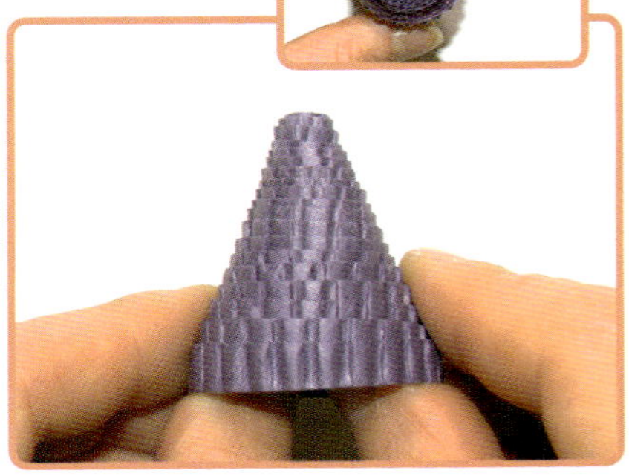

3 Faites un cercle bien serré avec des demi-bandelettes violettes. Modelez un cône et collez l'intérieur pour le maintenir. Faites un deuxième cercle violet bien serré (plus petit) que vous collerez dans le cône précédent pour le maintenir, mais aussi pour fixer les jambes et les pieds de la sorcière. Collez la tête au-dessus du corps.

4 Créez deux cônes avec des demi-bandelettes violettes pour les manches.
Faites 2 cylindres blanc cassé et 4 ovales (2 plus petits et 2 légèrement plus grands) avec une demi-bandelette blanc cassé. Collez les cylindres à l'intérieur des cônes. Collez les ovales 2 à 2 (un grand + un petit) pour créer les mains, puis ces mains sur les cylindres pour obtenir les bras. Collez enfin les bras de chaque côté du corps.

5 Faites deux petits cylindres blanc cassé que vous collerez sous la robe de la sorcière pour faire les jambes.

6 Faites deux petits cercles légèrement ovales avec des demi-bandelettes blanc cassé et terminez par un tour avec une demi-bandelette violette pour créer les chaussures. Collez-les sous les jambes de façon à ce que la sorcière tienne debout.

7 Pour créer le chapeau de la sorcière, faites un cercle avec des demi-bandelettes violettes et faites ressortir le centre en cône bien pointu. Maintenez l'ensemble en collant l'intérieur. Puis collez le chapeau sur la tête de la sorcière.

8 Faites un tout petit cercle avec une demi-bandelette blanc cassé et collez-le sur le visage pour faire le nez. Vous pouvez aussi faire un nez en cône pour donner le côté « nez crochu » de la sorcière.

9 Découpez ensuite des franges dans deux morceaux de bandelette jaune. Collez-les autour d'une pique en bois en les chevauchant pour bien faire le tour. Vous venez de créer un balai. Collez alors ce dernier dans une des mains de la sorcière, franges vers le haut. Terminez en ajoutant des yeux mobiles sur le visage et dessinez une bouche au feutre rouge.

Faites ensuite l'emploi du temps

Découpez un rectangle de carton ondulé rose, pliez-le en deux et collez dessus l'emploi du temps.
Collez la 2e main de la sorcière au bord (gauche) de l'emploi du temps, en veillant à ce que le personnage tienne bien debout.

Créez ensuite le chat

1 Avec des demi-bandelettes noires, faites deux dômes : un petit rond et un ovale. Faites ensuite les oreilles en enroulant d'abord une demi-bandelette rose, puis en terminant par une demi-bandelette noire. Modelez les oreilles en triangle et créez un peu de relief en les « creusant » légèrement, puis collez-les sur le petit dôme noir.
Collez ensuite la tête sur le corps du chat.

2 Coupez un morceau d'environ 5 cm de long dans un tiers de bandelette noire, pliez-le en 2 et fixez-le ainsi avec de la colle. Puis collez-le sur l'arrière du chat, en recourbant un peu l'extrémité pour former la queue.

3 Faites 2 petits ovales avec une demi-bandelette noire, puis collez-les sous le corps du chat.

4 Collez ensuite le chat du côté droit de l'emploi du temps en veillant à ce qu'il tienne bien debout.

Pot à crayons

1 Récupérez le carton d'un rouleau de papier toilette. Reportez son diamètre sur une feuille de carton ondulé. Ajoutez à ce contour une marge d'environ 1 cm et découpez le cercle dans le carton ondulé. Marquez bien le contour du cercle et faites des petites fentes tout autour, puis collez le cercle de carton ondulé sur le rouleau. Mesurez ensuite le tour du rouleau et découpez un rectangle de papier ondulé de la même longueur, puis enroulez le rouleau de ce rectangle en le collant et en masquant le bord du cercle. Vous obtenez ainsi un cylindre fermé qui est la base de votre pot à crayons.

2 Modelez ensuite un demi-cercle en dôme avec une demi-bandelette noire, un petit ovale en dôme avec une demi-bandelette rouge. Avec une perforatrice ou un poinçon, faites 4 petits ronds dans une bandelette (ou un papier) de couleur noire. Collez le demi-cercle au bout de l'ovale rouge puis les petits ronds au-dessus de l'ovale rouge afin de créer une coccinelle.

3 Faites ensuite des fleurs en modelant, pour chacune d'elles, 5 petites gouttes, et en découpant un petit rond de couleur avec la perforatrice. Collez les 5 pétales ensemble, puis le petit rond de couleur au centre. Faites ainsi 6 fleurs de couleurs différentes, puis collez-les en colimaçon autour du pot à crayons.

4 Pour terminer, collez la coccinelle sur le pot.

Pinces **poissons**

1 Modelez le corps du poisson avec une demi-bandelette violette : faites un cercle un peu lâche et pincez chaque extrémité. Faites un léger dôme et collez l'arrière pour bien maintenir le tout.

2 Modelez ensuite 2 petites gouttes en dôme avec une demi-bandelette violette et collez-les autour de l'une des extrémités du corps du poisson pour faire la queue.

3 Faites ensuite 3 petites gouttes avec une demi-bandelette verte. Collez-les ensemble, puis collez le tout au dessus du corps du poisson pour faire la nageoire.

4 Enfin, faites 2 toutes petites gouttes avec un tiers de bandelette violette (dans la largeur) et collez-les à l'autre extrémité du corps du poisson pour faire la bouche.

5 Terminez en collant un œil mobile sur le poisson, puis en collant ce dernier sur une pince à linge.

6 Vous pouvez créer des poissons de toutes formes en ajoutant par exemple une goutte pour la queue, ou en modelant une queue en forme de croissant, en rajoutant ou en enlevant des nageoires.

Variante : poisson bleu

1 Modelez le corps du poisson en formant une goutte avec une bandelette bleue, puis creusez la bouche avec une pique en bois.

2 Ajoutez deux petites bandelettes blanches sous le corps du poisson.

3 Faites ensuite comme pour les autres poissons : modelez 2 petites gouttes en dôme avec une demi-bandelette bleue et collez-les sur le corps pour faire la queue. Faites alors 2 petites gouttes pour les nageoires et collez-les sur le poisson. Collez l'œil mobile. Terminez en collant le poisson sur la pince à linge.

Notes

Notes

mfg Atelier
6, rue du Bourbonnais
C.E. 1705 Lisses
91017 Évry Cedex (FRANCE)
Tél. : 33 (0) 1 69 11 31 80/81
Fax : 33 (0) 1 69 11 31 89
mfg.education@wanadoo.fr

Design objets : Delphine Glachant
Conception : Anne-sophie Bailly
Réalisation graphique : LULU créations
Photos : Polacouic
Relecture : Paroles de Plume
Imprimé en Chine

Dépot légal : 1er semestre 2007